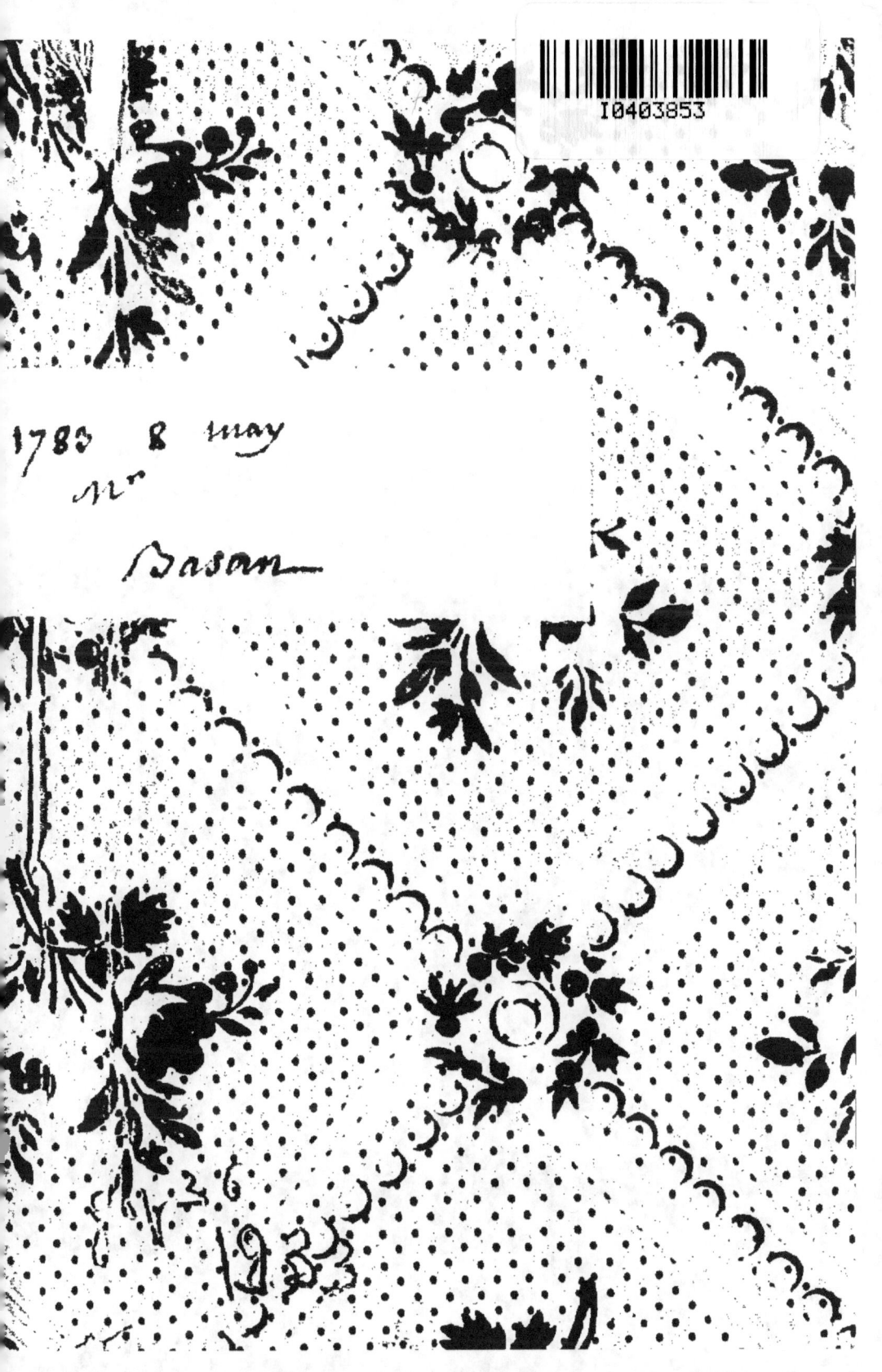

1783 8 may

M.

Basan

NOTICE

DE DIFFÈRENS TABLEAUX

DES ÉCOLES ITALIENNE, FLAMANDE ET FRANÇOISE;

BIJOUX D'OR, OISEAUX INJECTÉS, & Minéraux divers;

DONT la Vente en fera faite le ~~Mardi 6~~ *jeudy 8* Mai & jours fuivans de relevée, à l'entrée du Fauxbourg Montmartre, n°. 3, Maifon des Ecuries de Mme la Princeffe de Lamballe, où on les pourra voir la veille & le jour de la Vente, le matin feulement.

N°. 1 LE Baptême de N. S., fujet en hauteur d'une riche compofition dans un fond de Payfage; par l'Albane.

2 Une petite Copie du Correge, de la Vierge qui tient fur fes genoux l'Enfant Jefus.

3 Un petit Payfage en travers avec figures, animaux & lointains dans le ftyle Italien.

4 Une Figure de jeune Homme qui tient de la main droite une fleurs, & près de lui une tête de cheval, par L. Jordano.

5 Une Danfe de quatorze Enfans nuds, peinte fur bois, d'après le Parmefan.

6 Antiochus malade, compofition de trois figures demi-corps dans le ftyle du Guide.

A

BIBLIOTHEQUE NATIONALE

7 Un grand Sujet en hauteur, repréſentant une Offrande à Vénus, par ſix figures de femmes, &c. dans un fond de Payſage, fait dans le ſtyle de P. de Cortone.

8 Le Martyre de S. Sébaſtien, grandeur demi-nature dans un fond de Payſage, avec un Autel ſur le devant, peint ſur bois, & attribué à Annibal Carrache.

9 Un Payſage très-pittoreſque mélé de rochers & caſcades, avec figures de ſoldats ſur le devant, ſur toile en travers, ſtyle de S. Roſe.

10 L'Enlevement de Proſerpine, compoſition de trois figures de forme ovale, ſur toile, par L. Jordano.

11 Un petit Sujet ceintré du haut, par un Maître Italien, repréſentant une Religieuſe accompagnée de N. S. & d'un Ange.

12 Une Marche d'Animaux conduits par un Pâtre, & ſur le devant deux Femmes & un chien, ſur bois, par B. Caſtiglione.

13 Une Fuite en Egypte avec gloire d'Anges & de Chérubins au-deſſus, par le Titien, de forme ovale peint ſur lapis de 9 pouc. ſur 7 de large, entouré d'une belle bordure en cuivre doré d'or moulu & ébène, avec quatorze plaques d'agate de différentes eſpeces, de 15 lignes ſur 12, dont une eſt gravée en creux & repréſente un Amour debout devant un Autel enflammé.

14 Une bonne Copie du Tableau de la Sainte Cécile de Raphael, Sujet connu

par l'Estampe qu'en ont gravés Marc-
Antoine & Strange.

15 Une Vue de Mer, où l'on voit plusieurs grandes Galeres armées, faite dans le
genre de Backuysen.

16 Le Port d'une Ville de Flandre où sont
divers Bateaux marchands & autres dans
le lointain, Sujet en travers, par le
même.

17 Le jeune David tenant la tête de Go-
liath, d'un bel effet, peint sur toile, par
le Guerchin.

18 L'Adoration des Rois, Sujet en travers
sur bois, dans le style d'Al. Durer.

19 Une Nativité, moyen Sujet en travers
sur bois, composé de cinq figures d'un
effet très-piquant, par le Valentin.

20 La Reine de Saba, composition de dix
figures dans le style Italien, par un très-
bon Maître.

21 Un Paysage montagneux au bord de la
mer, où l'on voit un grand vaisseau à
voiles déployées, & sur le devant une chaloupe remplie de figures, par Vander Cabel.

22 Un Paysage orné de figures & d'une
grande fontaine en rocaille, dans le style
de Moucheron.

23 Un grand Paysage en travers, du Bolo-
gnese, orné de plusieurs grouppes de figures de femmes qui se baignent, &c.

24 Un moyen Paysage en hauteur avec fabriques & lointain, orné sur le devant

d'un grouppe de plusieurs figures dans une barque, par le Gaspre.

25 Deux Ruines en hauteur, vues d'Italie, avec figures, & sur le devant une fontaine, par Both, sur toile.

26 Le Baptême de l'Eunuque avec beaucoup de figures, par B. Breemberg, dans un fond de paysage, par Kerings, petit Tableau en travers, sur bois, avec une bordure superbe.

27 Un beau Paysage, par Asselyn, avec riviere & montagne, sur laquelle on voit une marche de différens animaux, accompagnée de plusieurs figures.

28 Une Fête Flamande composée de plus de vingt-quatre figures dans l'intérieur d'une maison, formant différens grouppes très-amusans, sur toile en travers, par Vander Hecken.

29 La Vue d'un vieux Château fortifié, au bord d'une riviere, sur laquelle on voit plusieurs bateaux à voiles & passagers, peint sur bois, par Van Goyen

30 Paysage montagneux avec ruine dans le fond, sur le devant quatre Femmes nues endormies, & un homme qui paroit les surprendre, peint sur bois, par C. Poelemburg, 12 pouces sur 9 de haut.

31 Autre petit Paysage avec lointain & chaumieres, sur le devant plusieurs figures & animaux auprès d'une marre d'eau, par Van Uden, orné de figures par Lingelbach, sur cuivre.

32 Un Payſage, où l'on voit ſur le devant
une Femme aſſiſe gardant un troupeau de
différens animaux, vaches & moutons,
ſur toile, par Ad. Van de Velde.

33 Un Grouppe de quatre Soldats, dont
deux ſont cuiraſſés, jouant aux dez, ſavamment peint par S. Roſe, ſur toile.

34 Uu Grouppe de différens gros animaux
accompagnés de boucs & moutons, dans
un fond d'architecture mêlé de ruines avec
pluſieurs figures ; ce Tableau brillant de
couleurs eſt très-ſpirituellement peint, par
Vander Doës, ſur toile en travers.

35 Deux charmans petits Payſages ſur toile,
par P. Bril, & ornés de figures très-ſpirituellement touchées, par Lingelbach.

36 Un petit Payſage ſur cuivre de forme
ovale, orné de figures & animaux, par
Swaneveldt.

37 Un moyen Payſage en travers d'une
riche compoſition, orné d'un grouppe de
douze figures de Bergeres, dont une eſt
couronnée, ſur toile dans le ſtyle de
Moucheron.

38 Une Vue de Mer, avec pluſieurs grands
bateaux à voiles & une chaloupe remplie
de paſſagers, par Van de Velde.

39 Une Femme allumant un flambeau avec
un verre ardent, derriere elle eſt l'Amour
tenant une fleche & un enfant qui rit ; il
eſt peint ſur toile, par le Moine.

A iij

40 Un Vafe rempli de différentes fleurs, sur toile en hauteur, par Baptiste.

41 Deux jolies Vues d'Hollande, dont un hyver avec beaucoup de figures qui patinent sur la glace; l'autre repréfente le Village de Haarlem, sur toile en hauteur, par Molenaer.

42 Un Combat de Cavalerie très-vigoureufement peint, par le Bourguignon, sur toile.

43 L'Intérieur d'une Grange ou Ecurie, où l'on voit plufieurs chevaux & autres animaux, avec diverfes figures, très-pittorefquement peint, par Van Bloom.

44 Un agréable Payfage avec lointain & plufieurs animaux fur le devant, gardés par un homme & une femme endormis, dans le genre d'Adrien V. Velde, fur toile en travers.

45 Un Cabaret Flamand, à la porte duquel divers Payfans s'amufent à danfer & boire, bonne copie de Teniers.

46 Un Sujet de deux figures dans le coftume Efpagnol, repréfentant un jeune homme qui fait manger des cerifes à fa maîtreffe, par Vander Laan, fur bois.

47 Un petit Sujet de tabagie compofé de fix figures d'hommes & de femmes buvant & faifant concert, par J. Miel.

48 Un Payfage avec Village dans le fond, & fur le devant deux hommes & une

femme faisant conversation, sur bois dans le style de Teniers.

49 Deux très-jolis Paysages mêlés de fabriques & ornés de beaucoup de figures & animaux divers, sur bois, par Bout & Baudouin.

50 Deux Bustes d'Homme & de Femme, faisant pendant, d'un caractere agréable, sur bois, par D. Teniers.

51 Deux petites Marines en travers, enrichies d'architecture & de différens grouppes de figures de pêcheurs & autres, analogues au Sujet, sur bois, par Weirotter.

52 Deux petits Paysages en travers, sur bois, avec figures & baraques, par Sarasin.

53 Deux jolis Paysages très-pittoresques, riches de composition & ornés de diverses figures peints par Signarolli, Peintre vivant & résident à Turin; ils sont sans bordures.

54 Deux autres, par le même & de même grandeur.

55 Deux autres, du même, un peu moins grands que les précédens, d'un ton chaud & vigoureux.

56 Deux autres, idem, & de même grandeur.

57 Un Paysage en travers, dans le style d'Asselyn, avec figures & animaux, très-vigoureux de couleur.

58 Un moyen Paysage en travers, où l'on voit sur le devant une femme, qui se lave

les jambes, & derriere elle un jeune homme ; ils sont accompagnés de divers animaux, il est peint par Vander Does.

59 Apollon & Daphné, dans un fond de Paysage avec plusieurs autres figures, attribué au Poussin.

60 Les quatre Elémens dans un même Tableau, sujet en travers, dont les figures sont de Van Baalen, & le paysage du Mompre.

61 Vénus & l'Amour, figures de grandeur naturelle avec lointain, par C. Lotti, Sujet en travers, sur toile.

62 Le Martyre de S. Jean devant la porte Latine, composition de huit figures entieres, grand Sujet en hauteur, par de la Hyre.

63 Un S. Jérôme tenant un grand livre ouvert le corps nud & couvert en partie d'une draperie rouge, sur toile en hauteur, par Vignon.

64 L'Annonciation de la Vierge, grand Tableau en hauteur, sur toile, par Vouet.

65 Un Paysage en hauteur, au milieu duquel est une femme assise, tenant sur ses genoux un enfant, bonne copie, de Boucher.

66 L'Incrédulité de S. Thomas, composition de cinq figures, sur toile, par le Valentin.

67 Un grand Sujet en travers, sur bois, représentant Crésus montant ses trésors, par Franck.

68 L'Enlevement de Proferpine, fur toile, par L. de Boulongne, en travers.

69 Vénus fur les eaux, Sujet en travers, par le même.

70 Le Baptême de N. Seigneur, Sujet en hauteur, dans un fond de payfage, par Ricci.

71 Un Roi fur fon Trône recevant des hommages, compofition de dix-huit figures, par C. Maratte, petit Tableau en hauteur, fans bordure.

72 Les Noces de Thetis, fur bois, par un bon Maître.

73 Un grand Sujet amufant & très-grotefque compofé de vingt figures dans l'intérieur d'une maifon de payfan, faifant repas & concert, par le vieux Breughels, fur bois.

74 Une Halte de Chaffeurs, compofé de plus de vingt figures, tant debout qu'affifes, dans un fond de payfage, Sujet en hauteur, fur toile, par C. Vanloo.

75 Moyfe fauvé des eaux, compofition de fept figures fur toile, en travers, par de la Foffe.

76 Un grand Payfage en travers avec montagnes & riviere au milieu, orné de figures & animaux, par le Bel.

77 Un moyen Payfage de forme quarrée, par Suaneweldt; on y voit le jeune Tobie conduit par l'Ange.

78 Plufieurs Lievres pendus par les pattes,

ainsi que d'autres pieces de gibier, peintes
sur toile en travers, par Snyders.

79 Un Paysage en hauteur, où l'on voit sur
le devant du gros bétail, par Roos.

80 Vénus & Adonis accompagnés des
Amours dans un fond de Paysage, en
travers avec lointain, par un Maître
Italien.

80 * Renaud & Armide, Sujet en hauteur,
par un Maître Italien.

81 Quatre petits Paysages en travers, à la
gouache, par Moreth.

82 Deux autres petits Paysages sur bois
avec figures, par Taunay, dont un représente un hyver.

83 La Reine, Femme de Louis XV à
cheval, dans un fond de Paysage, allant
au rendez-vous de chasse, par Vanloo.

84 Un Portrait de Femme, par le Titien,
elle tient de la main gauche une draperie
qui la couvre.

85 Le Portrait de Ninon Lenclos, devant
une toilette, de forme ovale, par Mignard.

86 Le Portrait de Mignard dans sa jeunesse,
peint par lui-même.

87 Une Tête de N. Seigneur vue de profil,
peint par Seb. Bourdon.

87 * Un Buste de Vieillard avec large rabat,
dans le style de Porbus.

88 Six petits Paysages, dont trois de forme
ronde, par différens Maîtres.

89 Un moyen Paysage en travers mêlé d'ar-

chitecture & orné fur le devant de diverfes
figures & animaux.

90 Quatre groffes Etudes de Têtes d'hommes
& de femmes, par Pierre, peintes fur toile.

91 Une Tête de Vieillard à barbe noire,
par le même.

92 Une Tête de Femme vue de trois quarts
avec cheveux noirs & voile d'étoffe fur la
tête, fupérieurement peinte, de forme ovale, par Greuze.

93 Deux Efquiffes en hauteur de l'Afcenfion
& Réfurrection, par Pompée Battoni.

94 La Vierge & l'Enfant Jefus fur un nuage,
environnée de Chérubins & ayant à fes
pieds deux Saints & une Sainte; très-
favamment exécuté, & dont on connoît le
grand Tableau en Italie fait par le Solimène.

95 Un Bufte de Vieillard tenant fa tête ap-
puyée fur fa main gauche, largement peint
& vigoureux de couleur par l'Efpagnolet.

96 Le Mariage de la Vierge, favante compofition par un bon Maître Italien, petit
fujet en hauteur fur toile, fans bordure.

97 La Réfurrection de Notre-Seigneur, compofition de fix figures, petit fujet en hauteur fur toile, par le Brun, fans bordure.

98 L'efquiffe du grand tableau d'autel de la
Chapelle des Enfans-Trouvés, par Natoire;
petit fujet en hauteur, très-fpirituellement
exécuté.

99 La Réfurrection de Notre Seigneur, par
le Tintoret; petit fujet en travers, com-

poſé de plus de douze figures; ſur toile collé ſur bois.

100 La tête d'un jeune-homme vue de trois quarts avec les cheveux blonds, très-belle eſquiſſe par Vandick.

101 Deux ſujets allégoriques ſur les Arts; eſquiſſes ſavantes, faites par Baleſtra, dont il en a fait les plafonds à Véniſe.

102 Les Vendeurs chaſſés du Temple, eſquiſſe ſavamment faite par L. Jordano, ſujet en travers ſur toile, compoſition de trente figures.

103 Une grande Bataille aux armes blanches, attribuée à J. Romain; petit tableau en travers peint en griſaille & relevé d'or ſur les cuiraſſes, &c.

104 Le Sacrifice d'Iphigénie, ſujet en travers ſur toile, d'une grande compoſition par un bon Maître Italien, ſans bordure.

105 Une petite eſquiſſe en hauteur ſur toile, par P. Véroneſe, repréſentant l'Adoration des Bergers.

106 Deux petits tableaux en hauteur ſur toile, par Pellegrini, repréſentant Vénus & Adonis, & Diane & Endymion.

107 La Naiſſance de la Vierge, avec le Pere Eternel dans le haut du tableau ſur un nuage; eſquiſſe ſavante ſur toile, par L. Jordano.

108 Un grouppe de pluſieurs figures; por-

tant un grand vaſe, petit ſujet en hauteur,
par S. Roſe.

209 L'Apôtre Saint-André, par Baugin,
petit tableau ſur bois.

110 Notre-Seigneur deſcendu de la Croix,
accompagné des Saintes Femmes, petit
ſujet en hauteur ſur toile, par Seb. Bourdon.

111 Un Chriſt mort ſur les genoux de la
Vierge avec deux autres figures qui les
accompagnent; moyen tableau ſur toile,
par S. Voiiet.

112 L'Adoration des Rois, petit ſujet en
hauteur, par le même.

113 Sainte Véronique, accompagnée d'un
enfant qui porte la couronne d'épines &
les cloux de Notre-Seigneur; ſujet en hauteur ſur toile, par le même.

114 Deux belles eſquiſſes peintes par Van-
Dyck, repréſentant deux figures de Dames
eſpagnoles en pieds.

115 Le bon Samaritain, par de la Foſſe, dans
un fond de payſage, en travers ſur toile.

116 Deux petits ſujets en hauteur, ceintrés,
repréſentant l'Adoration des Bergers & la
Réſurrection, par Parrocel, très-vigoureux
de couleur.

117 Une marche de pluſieurs grouppes de
Cavaliers dans une campagne, par le même,
en travers ſur toile.

118 Saint François recevant les Stigmates,
dans un fond de payſage; petit tableau ſur
bois, par Fr. Mola.

119 Une petite Sainte Famille, sujet en hauteur, par Blanchard.

120 Un Payſage en travers, avec lointain & riviere, orné ſur le devant de pluſieurs grouppes de Figures, de Cavaliers & autres; par Fouquieres.

121 La Vierge dans ſa Gloire avec pluſieurs Saints à ſes pieds, eſquiſſe ſpirituelle faite par J. Jordans.

122 N. S. à table avec ſes Apôtres, eſquiſſe avancée ſur toile en hauteur; par Champagne.

123 Deux petits Tableaux par Chardin, fruits divers, & déjeûner de pain, vin, &c. ſur toile en travers.

124 Un Sacrifice, grand Sujet en travers, bien compoſé, & peint en griſaille par Lagrenée le jeune, ſur toile de forme longue.

125 La Madeleine au déſert, demi figure, petit Tableau peint ſur cuivre par le même.

126 Deux Eſquiſſes en hauteur ſur toile, par Corado, repréſentant l'Adoration des Bergers, & la Préſentation au Temple.

127 La Madeleine au déſert ſur toile, par S. Vouet.

128 Un Sujet d'Alexandre, eſquiſſe ſavamment compoſée par C. de Vermont, ſur toile en travers ſans bordure.

129 L'Etude de deux groſſes têtes d'hommes à grandes barbes, très-largement peintes par Champagne.

130 Deux autres groffes Têtes pleines d'expreſſion & de caractere, ſupérieurement bien faites par le Chevalier Calabrois, ſur toile en travers.

131 Pluſieurs Tableaux de dévotion & autres, par de la Foſſe, Bertin, Deshayes & Hallé, qui ſeront diviſés.

132 Pluſieurs belles Eſquiſſes de différens Sujets, par Robert.

133 Pluſieurs Portraits d'Artiſtes peints par Rigaud, Largilliere & C. Vanloo, &c.

134 Pluſieurs Têtes de femmes au paſtel, par Voiriot & autres, ſous glaces.

135 Divers autres Tableaux, qui ſeront diviſés.

136 Diane au bain découvrant la groſſeſſe de Caliſto, dont on connoît l'Eſtampe gravée par Saenredam.

137 La Peinture protégée par l'Amour, petit Sujet peint ſur marbre dans le ſtyle du Titien.

138 Deux bonnes Copies de G. Dow, repréſentant un homme aſſis dans ſon cabinet, où ſont pluſieurs ſacs d'argent ; il en donne une piece à un enfant qui eſt près de lui. Le Pendant repréſente une femme qui peſe des pieces d'or, & un jeune enfant qui met la main dans ſa poche ; ſur bois en hauteur.

139 Deux Payſages en travers, ſur cuivre, dans le ſtyle de Breughels & van Keſſel, ornés d'un grand nombre d'animaux de différentes eſpeces.

140 Deux Payſages en travers, ſur toile, dans le ſtyle italien, ornés de différens grouppes de figures.

141 Un Payſage en travers, avec chûte d'eau & grande riviere au milieu, orné de deux figures de Pêcheurs ſur le devant, par Creſpin.

142 Un joli Payſage en travers, avec ri- viere, vieux Château avec Pont-levis, & ſur le devant différentes figures & ani- maux, ſur bois ; par de Marnes.

143 Deux autres, par le même, dans le ſtyle de Both d'Italie, avec figures & animaux ſur le devant.

144 Un Payſage montagneux, où l'on voit ſur le devant au bord d'un ruiſſeau un homme aſſis & trois animaux, Cheval, Vaches, &c. ſur bois en travers, par le même.

145 Un autre joli Payſage avec une haute montagne, ſur le ſommet de laquelle on voit une petite Chapelle & pluſieurs autres Maiſons ; au pied, ſerpente une grande riviere. Il eſt orné de différentes figures & animaux ſur bois, par le même.

146 Un grouppe de pêches, raiſins & autres fruits poſés dans un grand plat ſur une table de pierre, en travers ſur toile ; par Bachelier.

147 Un Grouppe de huit figures aſſiſes dans un boſquet, avec lointain, ſur toile en travers ; par Pater.

148

148 Deux Scènes domestiques dans l'intérieur d'une maison de Paysan ornée des uftenfiles néceffaires au ménage , & différens légumes ; Sujets amufans & remplis de vérité, fur bois ; par Hemskerck.

149 Un riche Payfage, par Wouvermans, mêlé de ruines, avec lointain, bordé d'une grande riviere, orné de beaucoup de chevaux qui s'y abreuvent, & de plufieurs figures qui s'y baignent. On en connoît l'Eftampe par Moyreau.

150 Deux petits Sujets en hauteur, fur cuivre , repréfentant la Nativité & l'Adoration des Rois ; par Sébaftien Bourdon.

151 Un Magifter donnant leçon de lecture à une jeune Ecollere qui a la gorge découverte. L'expreffion des figures fait augurer que tous les deux ne font rien moins qu'à la leçon. Sujet en hauteur, fur toile , par Chevau.

152 Deux Combats de Cavalerie aux armes blanches & à feu, dans lefquelles il regne beaucoup d'action de part & d'autre. On voit dans le fond des Fuyards pourfuivis ; fur bois en travers ; par de Hondr.

153 Un moyen Tableau , fur toile en travers , par Berghem, repréfentant un fouterrein percé, fous lequel on voit un cheval blanc tenu par la bride par un homme couché par terre ; derriere eft un homme debout & une payfanne affife tenant fa

B

quenouille ; & sur le devant une charu
dételée : sur toile.

154 L'Enlévement d'Europe , composé de
huit figures , sur toile en travers ; par de
la Fosse.

155 Un Sujet très-agréable de composition,
représentant des jeunes filles & jeunes gar-
çons au nombre de sept , qui s'amusent
avec un chat posé sur une table. Le fond
représente un Paysage avec deux grosses
colonnes , en travers sur toile ; par Largilliere : très-vigoureux de couleur.

156 Deux Sujets de Diane partant pour la
chasse , & de retour ; en hauteur , sur
toile , d'une composition agréable ; par un
jeune Artiste françois.

157 Un petit Paysage en hauteur , par Vander Doës , orné sur le devant de deux grosses Vaches , un Chien & deux Moutons
couchés par terre.

158 Deux autres petits Tableaux en hauteur , avec chaumieres , rivieres & lointains ; ornés sur le devant de plusieurs
figures dans le genre de Moucheron.

159 Un moyen paysage en travers , par Bout
& Baudouin , orné sur le devant de plusieurs grouppes de figures.

160 Un rocher percé avec montagnes dans
le fond , & sur le devant plusieurs figures
près d'un vieux pont , sur bois , copie de
Breughels.

161 Une Danfe de Payfans dans l'intérieur d'une maifon de village, fur bois de forme ronde, d'après Oftade.

162 Une Femme affife tenant un grand verre, ayant près d'elle un homme avec lequel elle fait converfation ; petit fujet en hauteur fur bois, dans le ftyle de J. Stein.

163 Deux petits fujets en hauteur fur bois, du même genre que le précédent, repréfentant une femme qui compte de l'argent, & un homme faifant lefture.

164 Un petit payfage en travers fur cuivre, où l'on voit fur le devant un hermite à genoux devant un Crucifix, dans le ftyle de P. Bril.

165 Deux très-petits payfages en travers fur bois ornés de figures & animaux, dans le genre de B. Breemberg.

166 Deux jolis payfages en travers fur toile, ornés de figures & animaux, par Reyfer.

167 Deux jolis payfages, par Brüandet ; dans l'un on voit un charlatan qui débite fon baume près d'une Églife de village ; il eft entouré de plufieurs grouppes de figures amufantes ; dans l'autre eft un vieux pont, & une femme qui lave du linge au bord de l'eau.

168 Deux petits payfages en travers, fur bois, par le même, ornés de figures & chaumieres.

169 Un payfage en travers avec chaumiere

B ij

& plufieurs payfans qui jouent au palet fur un tonneau, par le même.

170 Autre payfage en travers avec riviere fur le devant, & un homme qui conduit une chaloupe, par Foreft.

171 Un petit payfage fur bois de forme ronde, où l'on voit un payfan derriere un gros bœuf, accompagné d'un chien & d'un mouton, ftyle de J. Miel.

172 Deux payfiges en travers fur toile, par Cafanove, ornés de différentes figures & animaux, avec montagnes & lointains.

173 L'intérieur d'une tabagie Flamande compofé de fix figures d'Officiers & autres occupés à lire les Gazettes & à boire; le pendant repréfente un Procureur dans fon cabinet, auquel un payfan vient apporter un Chevreuil. Ils font peints par le Palamede, & font très agréables de compofition. Sur toile en travers.

174 Un fujet allégorique fur les arts, très-bien compofé, peint en grifaille par de la Foffe.

175 Un Sujet en hauteur, de deux femmes qui fe baignent, dans un fond de payfage, par de Troy.

176 Deux petits Sujets de différens animaux volans, par Van Keffel.

177 Une pleine Campagne, au milieu de laquelle fe voit une vieille tour, par Mo-

reau, & ornée de plusieurs figures & animaux, par Casanove, sur bois en travers.

178 Un petit Paysage en travers, par David Teniers, avec chaumieres & sur le devant un homme qui mene une brouette, sur bois.

179 Un joli Tableau sur bois, par C. Poelemburg, représentant une grotte sombre sur le devant de laquelle on voit une femme debout & deux hommes auprès d'une table de pierre.

180 Trois petits Tableaux sur cuivre, dont un représente Notre-Seigneur en Jardinier avec la Magdeleine à ses pieds, Saint-Jérôme & Saint-François de Sales.

181 Un paysage par Allegrin dans une bordure de bois de chêne sculpté, ayant servi de dessus de porte.

182 Six autres tableaux, dessus de portes & autres paysages, &c.

183 Une belle Campagne de Flandres avec grand chemin où passe un Coche traîné par trois chevaux, un Postillon & plusieurs personnes dans la voiture.

184 Un Paysage montagneux avec Village au bas, bordé d'une riviere, un pont, & plusieurs chevaux chargés de ballots.

185 Un Port de mer, où l'on voit diverses grosses barques & gondoles remplies de monde.

186 Un Deſſin à la plume par Palmieri, ſujet paſtoral, & quatorze autres petits deſſins de Vignettes *in 8°.* au biſtre, par Gravelot.

187 Une Collection complette d'échantillons de marbre de différentes eſpeces.

188 Une Montre d'or garnie de roſes & brillans, avec chaîne d'or.

189 Une Bague de brillans.

190 Pluſieurs Bijoux d'or, Montres, Cachets, &c. qui ſeront diviſés.

191 Six cages de verre, contenant des oiſeaux du Canada, &c. de différentes eſpeces & injectés.

192 Pluſieurs lots de Minéraux, Métaux, Criſtaux, Pyrites, Coraux, Congellations, &c. qui ſeront diviſés.

193 Deux Chevalets de bois blanc très-propres.

194 Divers Tableaux & autres Objets de curioſité, qui ſeront diviſés.

F I N.

Cette Notice ſe diſtribue chez le ſieur BASAN, rue & hôtel Serpente.

Lu & approuvé ce 12 Avril 1783.

C O C H I N.

De l'Imprimerie de PRAULT, Imprimeur du Roi, Quai des Auguſtins.

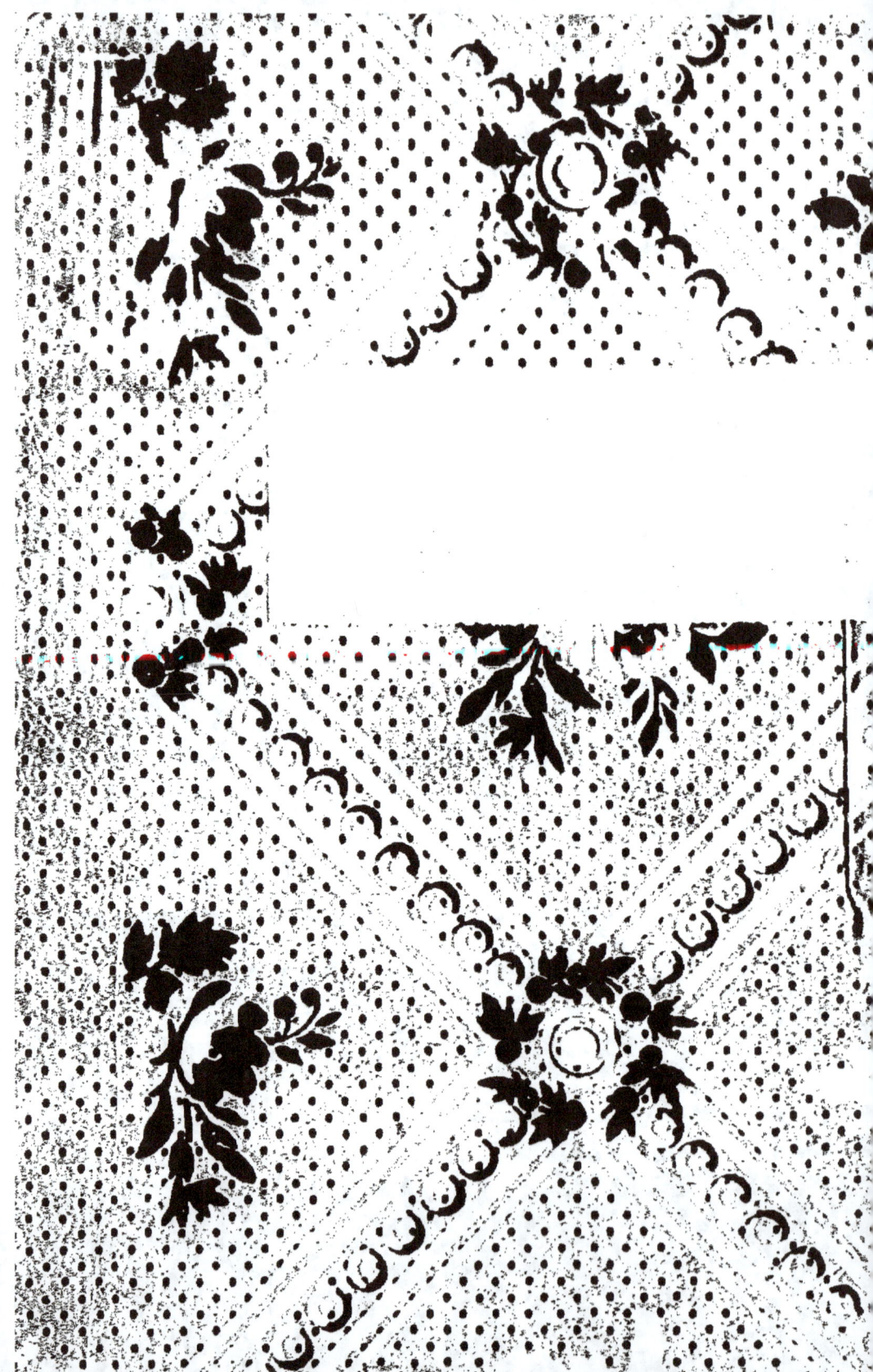

www.ingramcontent.com/pod-product-compliance
Lightning Source LLC
Chambersburg PA
CBHW030126230526
45469CB00005B/1827